JN112465

GIGAスクール時代のネットリテラシー 2

SNS(エスエヌエス)とネットトラブル

監修 遠藤美季

もくじ

2章 ネットトラブルについて考えよう

はじめに

小学生・中学生にひとり1台デジタル端末が配布され、通信ネットワーク環境のもとで学習を行う「GIGAスクール」時代が、ついに到来しました。デジタル機器をつかった学習方法には、「子どもの意欲を伸ばす」「自分に合った学習ができる」など、多くのメリットがあります。

そのメリットを存分に生かし活用するために、マナーを守る気持ち、心や身体の健康を管理する意識、トラブル・犯罪などの危険を避ける知恵、たくさんの情報から真実を見抜く力などの「ネットリテラシー」が必要になります。

この本を多くの人が手にとり、自分で考えて活用する能力を身につけ、情報の時代をたくましく生きていくことを、心から願っています。

エンジェルズアイズ代表　遠藤美季

この本のつかい方

1 「用語集」で基本を学ぼう！

「知っておきたい用語集」では、ネットリテラシーを学ぶために必要な言葉を集めました。最初に読んでおくと、内容がよりよくわかります。

2 「Q&A形式」で理解を深めよう！

実際のトラブルをもとに、インターネットにかかわる問題をQ（質問）とA（答え）で紹介。自分ならどうするか考えながら読んでみましょう。

3 「ニュース」を読もう！

ニュースで取り上げられた事件を詳しく解説。どうして事件が起こったかを知ることで、インターネットとの付き合い方が見えてきます。

この本を読む前に 知っておきたい用語集

基本編

●ネットリテラシー

インターネットのいいところも悪いところも理解したうえで、正しく活用していける知識と能力のこと。ネットリテラシーを学べば、自分を守るだけでなく、だれかをうっかり傷つけることも防ぐことができる。楽しく知識を身につけて、インターネットを活用しよう！

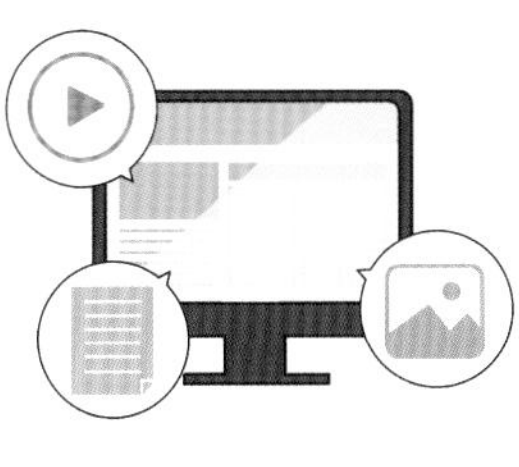

●インターネット

パソコンやタブレット、スマートフォンなど、世界中の情報機器を接続できる情報ネットワーク。略して「ネット」ともいう。

●ウェブページ

ネット上で公開されている、1ページ単位の文書。文章のほか画像や動画なども表示できる。「ブラウザ」というソフトウェアを利用して閲覧する。

●ホームページ/サイト

いくつかのウェブページを、ひとつにまとめたもの。サイトは「ウェブサイト」の略。日本では、どちらの言葉も、ほぼ同じ意味でつかわれる。

●URL

インターネット上でのウェブページの住所。「http」「https」から始まる半角英数字の文字列で表示される。

●Wi-Fi

ケーブルではなく無線通信を利用する情報機器のネットワーク規格。簡単に「インターネットにつなげる無線通信のこと」と考えてよい。

●アプリ

特定の目的や機能のためにつくられたソフトウェア。「アプリケーション」の略。メール、電話、地図、ゲームなど、さまざまなアプリがある。

●インストール

パソコンやタブレットなどで、ソフトウェアがつかえるよう設定すること。ソフトウェアを削除し、設定前の状態に戻すことを「アンインストール」という。

●アップロード/ダウンロード

データをネットワーク上の「サーバー」に送ることをアップロード（略して「アップ」）、逆にサーバーからデータを入手することをダウンロードという。

SNS編

●SNS

「ソーシャル・ネットワーキング・サービス」の略で、登録した利用者同士の交流の場を提供するネット上のサービスのこと。文字や写真、動画などで、世界中の人たちとさまざまな情報を共有できる。便利な反面、知らない人とつながる可能性があり、登録は13歳からというSNSが多い。

●匿名

自分の名前を隠して発言、行動すること。ネットの匿名性は活発な議論を生むなどよい面もあるが、誹謗中傷やネット犯罪の原因にもなっている。

●メッセージ

文字によるコミュニケーションツール。相手の電話番号を知っていれば専用アプリから送ることができて、「SMS」や「MMS」、「iMessage」などで送受信できる。

●アカウント

コンピュータやソフトウェア、ネットワークなどをつかうための権利。システムにログインするために必要なIDとパスワードを指す場合もある。

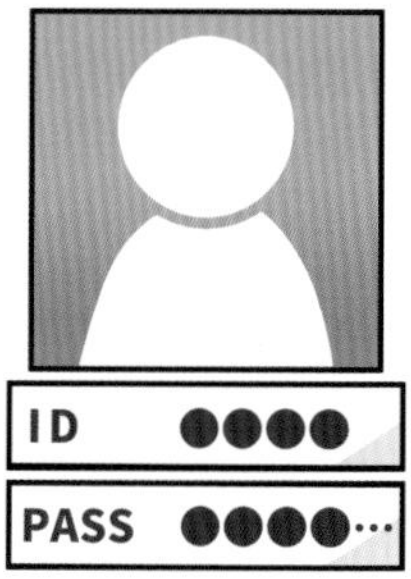

●フォロー

SNS上で相手のアカウントをお気に入り登録すること。フォローしたアカウントの投稿やリアクションが自分のタイムラインに表示されるようになる。自分のアカウントをフォローしているユーザーのことを「フォロワー」という。

●ソース

文章を書いたり、調べたことをまとめたりするときに参考にしたウェブサイトや記事、文章のこと。日本語では「情報源」ともいう。

●タイムライン

SNSやコミュニケーションアプリで、投稿順に表示した画面。自分やフォローしたユーザーの投稿以外に、広告が表示されることもある。

●グループチャット

複数人がオンライン上でグループをつくって、リアルタイムで文字やビデオによって会話をするしくみ。グループ内のメンバーに対して、同時にメッセージを送り合うことができる。ビジネスのコミュニケーションツールとしてつかわれることもある。知らない人と会話できるオープンチャットもある。

ネットトラブル編

●拡散

ある情報がSNSの共有機能などによって広がること。多くの人がコメントを寄せたり、リアクションしたりする状態を「バズる」ともいう。

●炎上

不用意な言動や投稿によって、SNSなどを中心に批判コメントや誹謗中傷が集まること。ネットだけでなくテレビや新聞などのメディアに取り上げられ、さらに炎上するケースも見られる。炎上した投稿者が、アカウント閉鎖に追い込まれることもある。

●課金

サービスに対してお金を支払うこと。ネット上では、毎月決まった金額を支払ってサービスを利用する形式や、ゲーム内でユーザーが欲しいアイテムを購入する形式などがある。

●ソーシャルゲーム

SNSを基盤としているゲームのこと。おもにメンバー同士がネット上で交流したり、協力し合ったりして遊ぶ。ゲーム内で登場するアイテムやキャラクターに課金する形式もある。

●フェイクニュース

真実のように見せかけて発信されるうその情報。意図的に人をだますために発信される情報のほか、悪意はなくてもソースが不確かな誤情報などもふくまれる。

●フィルタリング

ウェブページやメールなどを一定の基準で判別し、有害なものにアクセスできないよう制限すること。その機能やサービスを指すこともある。

●不正アクセス

ID・パスワードを盗む、セキュリティの穴を突くなどして、利用する権限がない個人や企業の端末に、不正に接続しようとすること。重要情報が外部にもれたり、サービスが停止したりと、大きな被害を生むことも多く、「不正アクセス禁止法」という法律で禁止されている。

1章 SNSについて考えよう

友だちとやりとりしたり、ニュースをチェックしたり、好きなアイドルの動画を見たり。SNSには、つねに世界中の「いま」があふれています。しかし、SNS上ではさまざまなトラブルも起こっています。

お兄ちゃん
SNSって
つかってる？
キィー
ぼくは好きなアニメの
情報とかを見るだけかな。
投稿は学校で
禁止されてるからね。
キィー
なんの話
してんの？
おーい
お姉ちゃん！
…実はぼく、
たまにこっそり
SNSに投稿
してるんだ。

えーー!!
でね、昨日SNSで知り合った友だちに誘われたんだけど…。
こんど
あそぼうよ!
会うことにしたの?
同い年で、好きなゲームも一緒なんだけどさ…。
どんな人かわからないから、ちょっとこわいね。
こういうときって…どうしたらいいんだろう?

PART 01

SNSってどんなもの？

SNSって楽しそうだよね。ぼくも投稿してみたいなあ！
たしかにSNSは便利だけど、つかい方を誤るとトラブルになるんだ！

SNSは世界の人と交流できるサービス

わかりやすく言うと、SNSとはインターネット上で、人と人とがつながる場所を提供するサービスのことです。SNSという呼び名は「ソーシャル・ネットワーキング・サービス（Social Networking Service)」の頭文字を取ってつけられました。

SNSをつかうと、文字や写真、動画などで、世界中の情報を見たり、ユーザー同士で交流したりすることができます。とても便利ですが、正体不明の相手とつながる危険な面もあるため、多くのSNSが登録に年齢制限を設けています。

SNSでできること

SNSのアカウントを作成すると、学校の友だちなど身近な知り合いだけでなく、投稿内容に興味を持ってくれた人がコメントをくれたり、フォロワー（お気に入り登録してくれた人）になってくれたりします。こうしてネットワークが広がることで、より多くの人と情報の送受信、投稿へのコメント、特定の話題に関する意見交換などができるようになります。

では、SNSではどのような方法でコミュニケーションできるのでしょうか。ここでは5つに分けて紹介します。

①文字投稿

多くのSNSは文字投稿を前提にしています。そのなかでも「Twitter（ツイッター）」は、いまどうしているかを「つぶやく」感覚でつかわれます。基本的に投稿は新しいものが上に、古いものが下に表示されます。これを「タイムライン」といいます。

「#（ハッシュ記号）」とキーワードを組み合わせた「ハッシュタグ」はTwitterから広まったもので、クリックすると同じハッシュタグがついた投稿をまとめて見ることができます（➔ P.15）。

Twitter

2006年に始まったサービスで、日本語版サービスは2年後の2008年に開始しました。即時性が高く、いま起きていることを伝えるのに向いています。

②画像投稿

旅行、ファッション、グルメ、ペット、趣味などの写真を投稿し、言語が異なる人同士でも交流できます。いっぽうで、注目される写真を投稿しようとする人が、見ばえのよいスイーツを撮影だけして食べずに捨てる、迫力のある写真を撮ろうと無茶をして事故にあうなど、社会問題になることもあります。

写真や短い動画をメインに交流するSNSで代表的なものは「Instagram（インスタグラム）」で、人気投稿者はとくに「インスタグラマー」とよばれています。

Instagram

2010年にiOSでサービスが始まり、2012年にAndroidにも対応。2014年には日本語版がスタートしました。

③動画投稿

専門知識や得意なジャンルを生かした動画コンテンツを投稿することで、投稿者は、コメントや高評価を通して視聴者とコミュニケーションがとれます。代表的なものは「TikTok（ティックトック）」「YouTube（ユーチューブ）」で、動画投稿を職業にしている人もいます。

いっぽう、投稿者のなかには注目を集めるために、わざと他人や社会の迷惑になるような行動をとる人もいます。このような人は「迷惑系投稿者」とよばれます。

YouTube

2005年2月にアメリカでサービスを開始し、日本語版は2007年にリリースされました。人気配信者は「ユーチューバー」とよばれています。

④チャット

同じメッセージアプリを利用している人同士による、1対1の文字や音声などの「チャット（会話）」ができます。多くのサービスでグループチャット、オープンチャット、ビデオ通話なども備えています。日本国内の代表的なサービスは「LINE（ライン）」です。

LINE

2011年に始まったサービスで、日本、タイ、台湾、インドネシアなどアジア地域で普及しています。支払い機能なども広くつかわれています。

●文字のチャット

文字によるチャットは、メッセージアプリの代表的な機能です。文章のほか、絵文字やスタンプをつかい、より楽しくコミュニケーションすることもできます。ただしアプリによっては自分が相手のメッセージを読むと既読がつくため、既読がつかないと気になる、返信を忘れると無視される、グループから外されるなど、依存（➔1巻）やいじめの原因になることもあります。

●その他のチャット

SNSでのチャットは、文字以外に音声、動画などでも行えます。たとえばスマホの通話機能と同じようにつかえる音声通話、画面共有をしながら感想や意見を言い合うボイスチャット、動画で周囲の様子や自撮り映像をうつして会話できるビデオ通話、ライブチャットなどが代表的です。これらのチャットでは、複数の人たちと同時に音声や動画を共有することもできます。

⑤コミュニティ

本名で登録することで、実際の知り合いをさがしてコミュニケーションをとることができます。

「Facebook（フェイスブック）」は長文やたくさんの画像、長時間の動画が投稿できるので、仕事や趣味で知り合った人に自分の活動や日常を発信する、コミュニティに参加するなど、さまざまな目的でつかわれています。

Facebook

2004年にサービスが始まり、日本語版はその4年後、2008年から運営がスタートしました。情報をたくさん投稿できることなどから、ビジネス向きといわれます。

PART 02

SNSの上手なつかい方

SNSのルールやマナーの意味

SNSには「いま起こっているできごと」の情報があふれています。これは世界中の人が、いつでもどこでも、思いついたときに投稿できるからです。SNSの登場によって、リアルタイムで海外の戦争の状況、差別や貧困などの社会問題について知ることができ、国を越えて議論できるようになりました。

しかし、よいことばかりではありません。つかい方を間違えるとうそにまどわされたり、誤った情報を世界に発信し、急速に広めたりする可能性もあります。そうならないために、SNSに参加する一人ひとりがルールとマナーを知り、正しいつかい方を学ぶ必要があるのです。

SNSをきっかけに事件に巻き込まれた児童の数

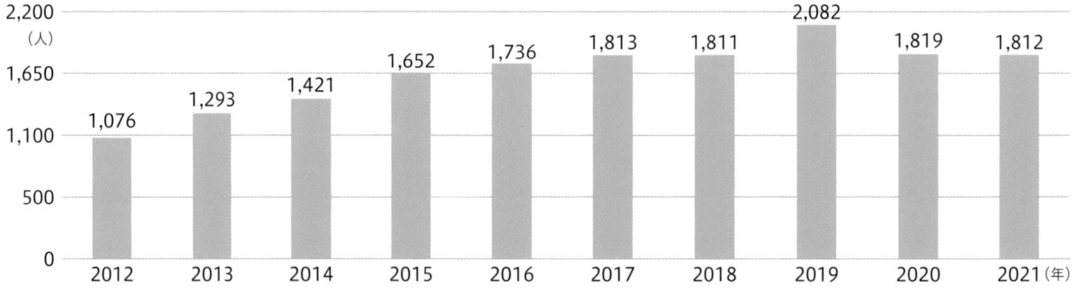

【出典】警察庁「令和3年における少年非行、児童虐待及び子供の性被害の状況」（2022年）より作成

情報を発信する

SNSで情報を発信するときには、伝わりやすいこと、事実と合っていること、客観的であることなどが大切です。そのためには、以下の5つを意識しましょう。

他人が不快に感じないか

うそやデマを真実のように伝えていないか

内容を冷静に見直して問題ないか

だれかの権利を侵害していないか
（➔3巻）

投稿内容に責任が持てるか

情報を探す

SNSで必要な情報を探すときは、ハッシュタグやキーワード検索が便利です。ハッシュタグをつかうと、文中のタグをタップするだけで関連情報を探せるようになります。たとえばハッシュタグ「#ネットリテラシー」をタップ（またはクリック）すると、同じハッシュタグがついた投稿がまとめて出てきます。キーワード検索はもっとシンプルで、「検索窓」に検索したい言葉を入力すると、その言葉をふくむ投稿だけが表示されます。

最初はキーワード検索をし、表示された投稿からハッシュタグをたどるなど、組み合わせてつかうとより便利です。

情報におどらされない

SNSにはうわさ話や、きちんと裏どりがされていない情報も多くあります。情報を共有、拡散する前に「いつの情報で」「どんな人が」「何を根拠に」投稿しているのか、きちんと調べましょう。

また、SNSにはいろいろな考えを持つ人がいます。対立する意見があったら、片方の意見ばかりを見るのではなく、逆の考えを持つ人の意見や主張も確認し、客観的に全体をとらえましょう。

自分自身をしっかり守る

SNSで他人の投稿やコメントを見ていやな気持ちになったら、一度ネットから離れて落ちつきましょう。

相手の投稿、コメントがストレスになる場合は、特定の人のコメントが表示されなくなる「ミュート」や、相手がアクセスできなくなる「ブロック」などの機能をつかうのもよいでしょう。

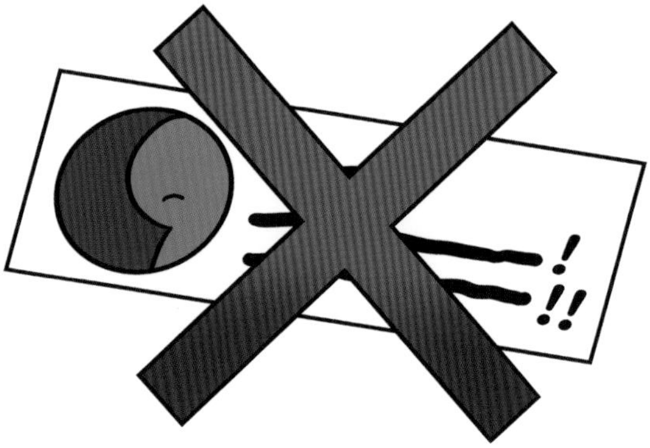

こんな方法でも自分を守ろう！

公開範囲の設定

自分が投稿した記事を、見ることができる人を設定する機能です。「フォローしている人だけ」「だれでも見られる」など、つかい方に合わせて公開範囲を設定できます。

2段階認証

アカウントに入ろうとしたとき、自分の端末に1回限り有効な暗証番号や、パスワードを発行する機能です。これによって外部からの不正アクセスや、なりすましを防ぎます。

アップデート

SNSの運営会社によるアプリのアップデートは、個人情報の保護や、SNSのトラブルを防ぐ新ルールの導入をふくむ場合があります。こまめに最新版を入手しましょう。

コラム 災害とSNS

SNSが多くの人につかわれるようになり、災害時の安否確認でも活用されるようになりました。特定の相手とスムーズに連絡をとったり、最新の情報を広く伝えたりできるSNSを、災害時のよびかけ、位置情報の確認に活用する取り組みは、個人だけでなく国や自治体でも広まっています。

必要な情報をSNSで効率よく送受信

新潟県防災局は2022年12月の豪雪により発生した激しい交通障害を受け、20日にTwitterで「反対車線に通行できる場所にいる方は、今は目的地に向かうのをあきらめて、ぜひ引き返して市街地の安全な場所に移動してください」というメッセージを発信し、引き返すことをうながしました。

自治体単位でのピンポイントな情報を、効率よく送受信できるのは、SNSの利点といえるでしょう。

ネット回線利用のSNSは安否確認でも活躍

大規模な災害時には電話回線がパンクし、つながりにくくなります。2016年に起きた熊本地震でも固定電話や携帯電話がつながりにくくなりましたが、ネット回線をつかうSNSはほぼ問題なく使用できました。そのため、消防団など救助活動を行う人の間でも安否確認や連絡につかわれました。

災害時に広まりやすいSNSのデマに注意

2022年9月、SNSに投稿された画像が多くの人にショックを与えました。それは水害にあった静岡県の痛ましい状況を、ドローンによって撮影したという写真でしたが、後日この画像はにせものだと判明しました。このようなデマが拡散されると、避難や復旧作業、救助活動の妨げになることもあります。

PART 03

SNSのトラブル

この前、友だちの
SNSに知らない人から
メッセージが届いたの！
相手はどんな人
なんだろう…？

SNSにはどんなトラブルがあるの？

SNSは便利な反面、争いごとのきっかけになることもあります。SNSの画面の向こうにはいつも感情を持った相手がいることを意識し、何か投稿するときは、相手を傷つける言葉や写真がふくまれていないか、必ず確認しましょう。

また、誘拐や児童ポルノ（➜ P.42）などの犯罪に巻き込まれる例が年々増えています。SNS上でやさしくしてくれる人が、実はあなたをだまそうとする悪い人かもしれません（「グルーミング」）。

ここでは、実際にSNSをつかうときに起こるかもしれないトラブルの数々を見ていきましょう。

SNSでトラブルを経験した人の割合（20代以下）

自分の気持ちが間違って伝わった	13.1%
書き込みで他人を傷つけた	8.9%
他人と言い合い・けんかになった	8.9%
自分の個人情報を勝手にアップされた	8.6%
他人から自分の名前などを特定された	6.4%
自分の書き込みが炎上した	2.8%
アカウントをのっとられた	2.1%
他人が自分になりすましていた	1.8%
その他	0.9%

【出典】総務省「社会課題解決のための新たなＩＣＴサービス・技術への人々の意識に関する調査研究―報告書―」（2015年3月）より作成
※対象：20代以下の男女327人

SNSのギモン

Q1 炎上を避けるには、どうしたらいいの？

SNSを日記のかわりにつかい、日常のこまかなできごとを投稿している人がたくさんいます。このようなつかい方で注意したいのが投稿の内容です。

自分では問題ない投稿をしたつもりでも、個人情報が丸わかりだったり、他の人から見たら不愉快に感じる内容だったりするかもしれません。

身の回りのことを投稿するときには、どんなことに気をつければよいのでしょうか。

あったらこわーい友だちの話

大会の優勝報告を投稿したら……。

A君に聞きました

この前、県内の陸上競技大会で1位になったんだ。遠くに住んでいるおじいちゃんとおばあちゃんにも報告したかったから、表彰状やトロフィーもよく見えるように撮影して、SNSに投稿したよ。

その後

SNSには「調子にのらないでよ」「自慢がウザい」というコメントが書き込まれた。しばらくしたら「ポプラ小学校の生徒らしいよ」「Aっていう子らしい」と、ぼくのことを特定する情報が次々と投稿されたんだ。

こんなとき、どうする？

SNSのギモン A1

投稿の内容によって、サービスや公開範囲をつかい分けよう！

自分では知り合いに見てもらうつもりでアップした投稿を、他人にも見られてしまうのがSNSの特徴です。わざと炎上させようとする人もいるので、身近な人に自分の近況を伝えたいときは、1対1のチャットやメール、メッセージをつかいましょう。

P.11-13で見てきたように、SNSはサービスによって特徴が異なります。投稿の目的に合わせてつかい分けをしましょう。公開範囲も、自分のつかい方や投稿内容に合わせて変えましょう。

友だち同士のグループチャットでも内容には注意したほうがいいかな？
軽い気持ちやうっかりで情報が流出する可能性もありますからね…。

何が起きていた？

A君はおじいちゃん、おばあちゃんに優勝の報告をするつもりで記事を投稿しましたが、それを大会で負けた人が偶然発見し、SNSに悪口を書き込みました。それを見た別の人が、賞状からA君の学校と名前をチェックし、わざと炎上するような投稿をしたのでした。

対策

- 知人だけに見てほしい場合は、公開範囲を設定する。
- 投稿内容に個人が特定されそうな情報がないかすみずみまでチェックする。
- 投稿の前に、自分の情報が知られる危険がないか確認する（➔3巻）。
- いろいろな人が自分の投稿を見ていることを忘れない。

SNSのギモン

Q2 ネットで目立つためなら、なんでも投稿していいの？

動画や写真の投稿で人気を集める「ユーチューバー」「インスタグラマー」などが注目を集めています。そのなかには、注目されることを優先するあまり、社会に迷惑をかける「迷惑系投稿者」もいるようです。

みなさんのなかにも仲間同士でおもしろがるために、同じような迷惑行為をしてしまう人がいるかもしれません。どんな問題が起こるか、考えてみましょう。

あったらこわーい友だちの話

ノリで撮影した写真が大問題に！

Bさんに聞きました

みんなで「目立つ写真をとろう」って盛り上がったから踏切に立ち入って、それをSNSで投稿したの。近づいてくる電車もうつっているし、迫力満点の写真がとれたよ。

その後

投稿直後からSNSが大炎上して、あわててアカウントを削除したの。だけど次の日から学校には、わたしの投稿に関する電話がかかってくるようになったんだ。

こんなとき、どうする？

SNSのギモン A2

ネットで話題になる「迷惑行為」はリアルでも大きな影響を残すことが！

電車の線路に立ち入ったり、飲食店で他人が注文した食品をさわったりした様子をネットに投稿する人のほとんどは、「ネットで注目されたい」「仲間内でウケたい」という軽い気持ちで迷惑行為におよんでいます。

このような行為はお店や社会に迷惑がかかるだけでなく、拡散、炎上、特定などで自分自身の人生をこわすことにもなりかねません。迷惑行為をするのは絶対にやめましょう。

目立ちたいだけで人に迷惑をかけるなんて許せない！
ちゃんと社会のルールやマナーを守れる人になりましょうね！

何が起きていた？

Bさんたちは制服から学校が特定され、学校に呼び出されて厳重注意を受けました。また、SNSを見た人からたくさん苦情の電話がかかってきて、先生や家族にも迷惑をかけてしまいました。

対策

- 友だち同士で、みんなに迷惑がかかることや、ルール違反の行為をおたがいに注意できる関係をつくる。誘われても絶対にしない。
- 迷惑行為やルール違反の投稿をしない。友だちがしているのを見つけたらすぐに削除するようにすすめて、先生や保護者にも知らせる。
- 投稿する前に立ち止まって、投稿内容に問題がないか確認する。

SNSのギモン
Q3 友だちと撮影した写真、勝手に投稿してもいい？

友だちと行った遊園地の写真や、有名人との写真。楽しい日常の記録は、たくさんの人に見てもらいたいですね。このようにリアルな日常で充実した生活を送っている状態を、ネットでは「リア充」と呼ぶことがあります。

毎日が充実しているのはよいことですが、自分のリア充アピールのために、他人と一緒にうつっている写真を断りなく投稿してもいいのでしょうか？

投稿がきっかけで絶交されちゃった!?

Cさんに聞きました

友だちとショッピングモールに行って、話題のスイーツを買ったときに2人で写真をとったよ。自分のSNSにもアップして、スイーツ女子アピールもできて大満足！

その後

次の日、学校へ行ったら友だちが怒りながら「昨日の写真、SNSにアップしたでしょ！」と言ってきた。しかも、もう絶交だって言われちゃった。いったい、何がいけなかったんだろう……。

こんなとき、どうする？

SNSのギモン

A3 勝手な投稿で人に迷惑をかけることも。必ず事前に許可をとること！

仲のいい友だちでも、自分の写真を無断でSNSにアップされたら、いい気持ちはしません。写真や動画を投稿したいときは一緒にうつった人に許可をもらい、ダメと言われたら投稿をやめるか、モザイクなどの加工をしましょう。

他人がうつっていて、その人がだれか特定できる写真や動画を勝手に投稿すると「肖像権」（➜3巻）という権利を侵害したことになり、トラブルに発展することもあります。SNSをつかうにあたって、ぜひとも知っておきたい権利です。

ぼくも勝手に画像を投稿されていたらいやだな…。
そう！自分がされたらいやなことはやめましょうね。

何が起きていた？

友だちの家では、子どもだけでショッピングモールに出入りするのを禁止されていました。ところがたまたま友だちのお姉さんが、CさんのSNSを見たことで秘密がばれてしまったのです。親にしかられた友だちは、Cさんと絶交したのでした。

対策

- 写真をSNSに投稿するときは、一緒にうつっている人にそのことを伝えて許可をもらう。
- 他人がうつっている写真をうっかり投稿したあとに、その人から「削除してほしい」と言われたら、謝ってすぐ削除する。

SNSのギモン Q4 投稿につけてはいけないハッシュタグって、どんなもの？

ハッシュタグの便利な点として「ハッシュタグに関連した投稿をまとめて読むことができる」「似たような趣味や関心を持っている人と情報を共有できる」などがあげられます。

正しくつかえば効率よく見たい記事を探したり、仲間を増やしたりすることができますが、誤ったつかい方をするとどうなるのでしょうか？

注目されたくてハッシュタグをつけたら…。

Dさんに聞きました

大好きなマンガの展覧会が始まる！ たくさんの人に知ってもらいたくて、同じ時期に開催されていた人気のスポーツイベントのハッシュタグをつけて投稿したんだ。これで、みんなに注目してもらえるね。

その後

次の日になって投稿を見たら「マンガの展覧会とスポーツイベントは関係ないじゃん」「便乗するなんて許せない」って、批判のコメントがたくさんついていたの。悲しくなって、投稿は削除しちゃった……。

こんなとき、どうする？

SNSのギモン A4

投稿内容と関係ない言葉、特定につながる言葉はつかわない！

ハッシュタグは便利ですが、注目されたいからといって投稿の内容と関係ないキーワードをつかってはいけません。

また、投稿に「#春から〇〇中学」「#今日から〇〇市民」のようなハッシュタグをつけたことで、その情報を見つけた知らない人からしつこくメッセージが送られてきたという事例もあります。自分の個人情報がわかる内容は、投稿にもハッシュタグにも入れないようにしましょう（➜3巻）。

なお、ハッシュタグの数に制限があるSNSもあります。

せっかくの便利な機能だから、正しくつかいたいね！
つかい方を間違えると、トラブルの元になるものね…。

何が起きていた？

スポーツイベントのハッシュタグからDさんの投稿にたどりついた人は、イベントとは関係ないマンガの展覧会の告知を見て「ハッシュタグの悪用だ」と感じました。彼らが批判コメントを投稿し、騒動をおもしろがる人々も加わった結果、Dさんの投稿は炎上してしまいました。

対策

- ハッシュタグをつかうときは、投稿の内容に合っているか確認する。
- 投稿内容に関係ないハッシュタグを入れてしまったら、編集機能で修正するか、投稿をすぐ削除する。

SNSのギモン

Q5 有名人に関する記事、おもしろ半分で再投稿してもいい？

ネットニュースやSNSには、芸能人やスポーツ選手など、有名人に関する話題がたくさんアップされています。なかには、有名人を悪く言う内容も少なくありません。

では、SNSできらいな有名人の悪口やデマを投稿したり、他人の悪口にのっかったり、「いいね」を押したりしてもよいのでしょうか。

あったらこわーい友だちの話

他人の記事を再投稿しただけなのに！

E君に聞きました

きらいなアイドルの悪口が書かれている投稿を偶然見かけたから、軽い気持ちで「拡散希望」と書いて再投稿したんだ。たくさんの人が、すぐにぼくの投稿を広めはじめたよ。

その後

そのアイドルの事務所が、最初の悪口を書いた人だけでなく、再投稿した人も訴えると言いだした。みんなやってるからおもしろ半分で再投稿したけど、テレビでもこの話題ばかりだし、まずかったかな……？

こんなとき、どうする？

SNSのギモン

A5 相手を傷つける内容は投稿しない。同じように「再投稿」「いいね」もダメ！

SNSで他人を攻撃したり、攻撃的な投稿を広めたりすると、相手を傷つけた、こわい思いをさせたなどの理由から訴えられる可能性があります。

2022年10月には、裁判所が有名人を傷つける投稿に同意を示す「いいね」の評価ボタンを押した政治家に対し、被害者の損害賠償請求を認めた裁判例もあります。これは政治家が以前からくり返し相手を批判していたこと、フォロワーが多く影響が大きいこと、「いいね」を25回も押したことなどから、総合的に違法と認められたケースです。

言葉の暴力は自分に返ってくるんだね…。
大人がやっていても、絶対まねしてはいけません。

何が起きていた？

E君が再投稿した悪口には誹謗中傷やデマがふくまれていました。タレントの事務所は殺害予告や誹謗中傷として法律の専門家に相談し、最初に投稿した人だけでなく、E君のようにおもしろがって拡散した人も訴えると宣言したのです。

対策

- 他人を攻撃する投稿、傷つける投稿をしたらどうなるか、相手がどう思うかを想像し、再投稿や「いいね」もしないよう自分にブレーキを。
- 投稿や再投稿によって相手を傷つけたり、攻撃したりしたことを指摘されたら、きちんと本人に謝罪して投稿を削除する。

SNSのギモン

Q6 世間で話題になっている投稿、どうやってうそか本当か見分けるの？

本当に効く
ダイエット
今なら
なんと0円！
あのスクープの
真実！！
来年の○月○日
世界が滅亡する

SNSには、いつもたくさんの情報があふれています。なかにはネットニュースやテレビでは取り上げられない裏情報や、有名人の裏話、都市伝説、陰謀論（➜ P.60）などもありますね。

おもしろい情報や、話題になっている情報を目にすると、友だちに話したくなるものです。でも、うそかもしれない情報を広めると、他の人や、社会全体に迷惑がかかることもあります。SNSの情報がうそか本当か見破るためのコツはあるのでしょうか。

あったらこわーい友だちの話

SNSのうわさでお店に行列が！

F君に聞きました

世界で新しい感染症が広まりはじめて、SNSでは「トイレットペーパーが不足する！」といううわさが流れるようになった。そんなわけないと思っていたのに、スーパーやドラッグストアには、開店前から行列ができるようになったんだ。本当にだいじょうぶかな……。

ひとり
ひとつまで

その後

テレビでは「在庫はたくさんあります」と倉庫をうつしたニュースを伝えていたのに、買い占めが止まらなくて本当にどこでも買えなくなっちゃった！

こんなとき、どうする？

SNSのギモン

A6 ネットの情報をうのみにせず、複数のソースを確認！

SNSには、人をだまそうとする人や、自分の予想や決めつけを事実のように書く人がいます。ネットの情報が本当かどうか見分けるには、ソース（情報源）を確かめる、複数の情報にあたる、反対意見も見てみるなどの方法があります。

とくに災害などの大きなニュースについては、うそや誤った情報がSNSにたくさん投稿されます。国や市区町村、新聞社やテレビ局の情報は信頼度が高いと考えましょう。これはSNSに限らず、ネットの情報全体にあてはまります（➔1巻）。

▶だれが言ってるの？

▶いつ発信されたの？

▶ソースはある？

友だちや家族から回ってきた情報も冷静になって調べる！

何が起きていた？

テレビですぐに「トイレットペーパーの在庫はある」と報道されましたが、投稿を見た多くの人は、SNSを信じて情報を拡散してしまいました。そのためパニックが起こり、本当にお店からトイレットペーパーが消えてしまったのです。

対策

- SNSで広まっている情報の正確さを知りたいときは、国・市区町村・新聞社やテレビ局など、公的で信頼度の高い情報を複数調べる。
- 攻撃的なハッシュタグがついた情報、早く拡散されている情報ほど冷静に対応し、事実かどうか調べるクセをつける。

コラム 「SNS疲れ」になっているかも

SNSに長時間ふれていると、他人の反応が気になったり、コメントに反応することに義務感を感じたりして、心と身体に負担がかかることがあります。これが「SNS疲れ」です。下にある項目に当てはまっていないか、チェックしてみましょう。

- チャットで既読がつかないと不安で何度もチェックしてしまう
- 自分の投稿へのコメントや「いいね」の数が気になる
- フォロワーの数が1人でも減ると落ち込む
- 友だちの投稿には必ず反応してあげようと思う
- 投稿の内容を現実よりよく見せようと盛っている
- SNSで誹謗中傷や、いやな投稿を見て落ち込んでもやめられない
- 自分の投稿に毎回すぐに反応する人がいて不安になる
- SNSのアカウントを複数持っていてそれぞれを毎日チェックしている
- 情弱（情報弱者）になりたくない
- 頭痛、目の疲れ、肩こりを毎日感じる
- 気持ちの落ち込みがある
- 夜眠れない
- 疲れて他のことが何もできない

これらはすべて「SNS疲れ」になる人の特徴であり、ネット依存につながることもあります（➜1巻）。以下のような対策で依存を遠ざけましょう。

- SNSをつかっている時間を確認し、長時間にならないようにする
- SNSの通知をオフにする
- SNS以外の手段でコミュニケーションする
- つかいすぎているSNSアプリを消す
- SNSでつながっている相手を整理する
- スマホなど、つかっている端末を親に預けてSNSと距離を置く

NEWS

ニュースになったネットのトラブル

ネットは便利だからこそ、簡単に犯罪行為と結びつく可能性があります。実際にニュースになった、SNSやネットがかかわる犯罪を見てみましょう。

小学生が爆破予告！警察が出動する事態に

2019年1月、神奈川県の小学6年生の男子児童が、インターネット掲示板で爆破予告をしたとして児童相談所に通告されました。男子児童は掲示板で、宮城県内にある小学校を爆破することを予告した内容を書き込んだとされています。

掲示板の書き込みを見た高校生が警察に通報したことで発覚。爆破予告された小学校は、安全を確保するため翌日臨時休校となり、警察が爆発物を探す事態にまで発展しました。

男子児童は書き込みをした3日後、神奈川県内の警察署に出頭しました。

中学生が闇バイトで逮捕 きっかけはSNSの検索

2023年1月、千葉県の女子中学生が窃盗の容疑で逮捕されました。警察の調べに対して、女子中学生は「おこづかいほしさにSNSで闇バイト（法律をおかしてお金などを得るアルバイト）を検索して、詐欺に加担していた」といいます。

女子中学生は、2022年6月に大阪府の高齢女性からだまし取ったクレジットカードをつかい、コンビニエンスストアで約140万円を引き出した疑いがあります。特殊詐欺グループのメンバーの中で、ATMから現金を引き出す「出し子」役を担当していたと見られています。

SNSで知り合った男が小学生を誘拐

2021年10月、男子児童をわいせつ目的で誘拐したとして、福井県警は県外在住の男2人を逮捕しました。被害にあった男子児童は、SNSをきっかけに知り合った男に「グッズをあげるから」と誘われたそうです。

待ち合わせをした土曜日の昼間、スーパーの駐車場で待っていたのは見知らぬ男2人でした。男子児童は彼らに車へ連れ込まれたそうです。

ゲームのアカウントをのっとり転売した人が逮捕

2022年3月、他人のオンラインゲームのアカウントをのっとったとして、未成年の男性2人が不正アクセス禁止法違反の疑いで書類送検されました。2人に関係性はなく、同じタイミングでの逮捕でしたが、どちらものっとったアカウントをインターネット上で転売し、利益を得ていたとのことです。

被害にあったのは、実況形式で生配信しているゲームのユーザーでした。SNSのパスワード変更時、画面に表示される認証コードを盗み見てSNSアカウントをのっとり、そのアカウントと連携しているゲーム用アカウントものっとる手口をつかったとみられています。

警察は被害者からの相談を受け、通信履歴などをもとに犯人を割り出しました。

2章 ネットトラブルについて考えよう

ネットをつかうと、簡単に連絡がとれたり、買い物ができたりして便利ですよね。しかしネット上には、ささいな文章の打ち間違いや、課金のしすぎなど、トラブルの種も多いのです。

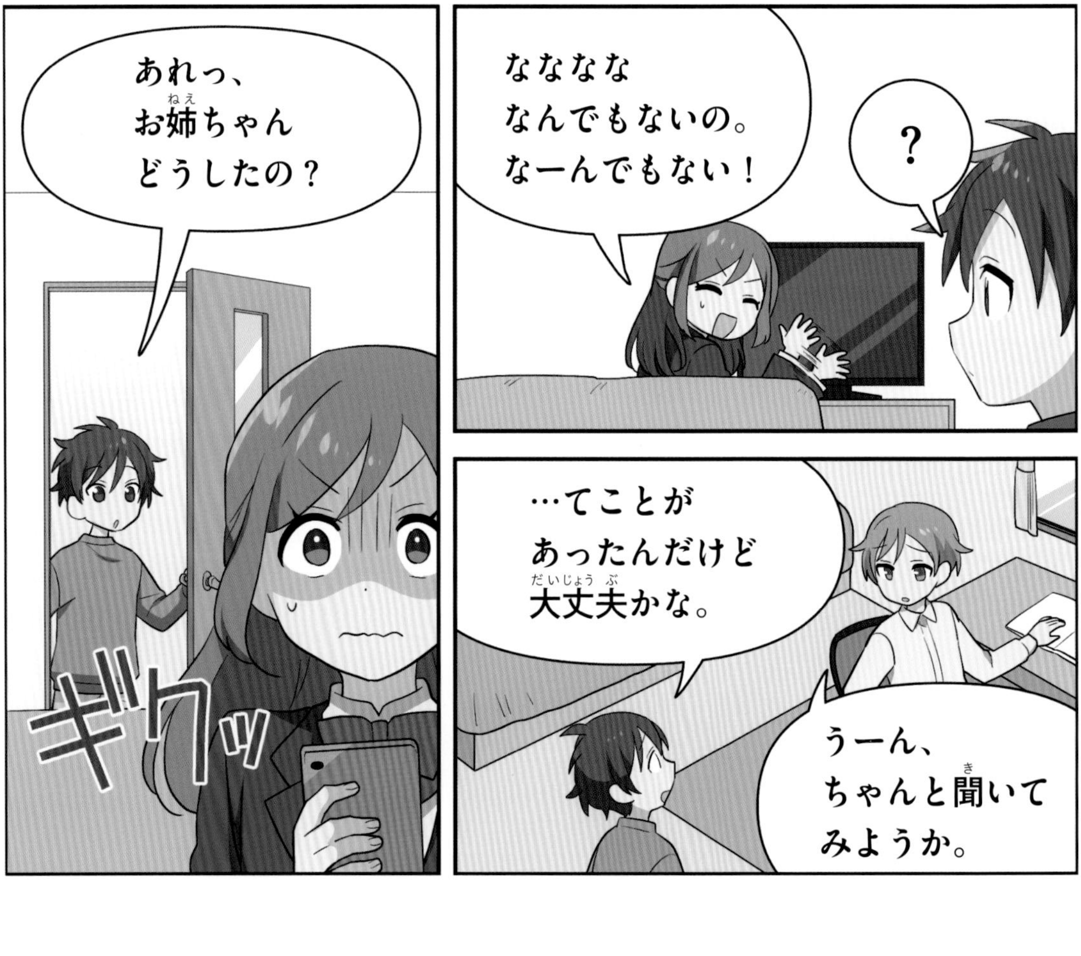

あれっ、お姉ちゃんどうしたの？
ギクッ
なななな
なんでもないの。
なーんでもない！
？
…てことがあったんだけど大丈夫かな。
うーん、ちゃんと聞いてみようか。

お姉ちゃん、悩みがあったら言ってよ！
そうだよ、ぼくたちきょうだいじゃない。
ううっ、あんたたち…。
実は、こういうゲームがあって…。
課金するとたくさんプレゼントできて、このキャラがさらにかっこよくなるの！
パパのカードで課金していたら、いつの間にか3万円超えてた…。
そりゃ自分でなんとかしなよ。
ちょっと！本当に困ってるんだから！
スタ
スタ
わー
ーんっ

PART 01 なぜ起きる？ ネットトラブル

ネットの炎上とか特定って、こわいよね…。
そんな目にあいたくないよ！何が原因なのかな？

どんなネットトラブルがあるの？

ネットでは日々、いろいろなトラブルが起こっています。けんかや対立、炎上、特定、詐欺や架空請求などの犯罪や金銭トラブル、ストーキングなどはすべて「ネットトラブル」とよばれます。

ネットトラブルに巻き込まれやすいのは、ネットに触れる機会は多いけれどネットリテラシーが低い、小中学生をふくむ20代以下の人たちです。総務省が2015年に行ったアンケートによると、SNSでトラブルを経験したことがある人の割合は、20代以下だけが25%以上となっています。

ネットを楽しく安全につかうには、ネットトラブルを避ける方法を知っておかなければなりません。ここでは、その方法を学びましょう。

SNSでトラブルを経験したことがある人の割合（年代別）

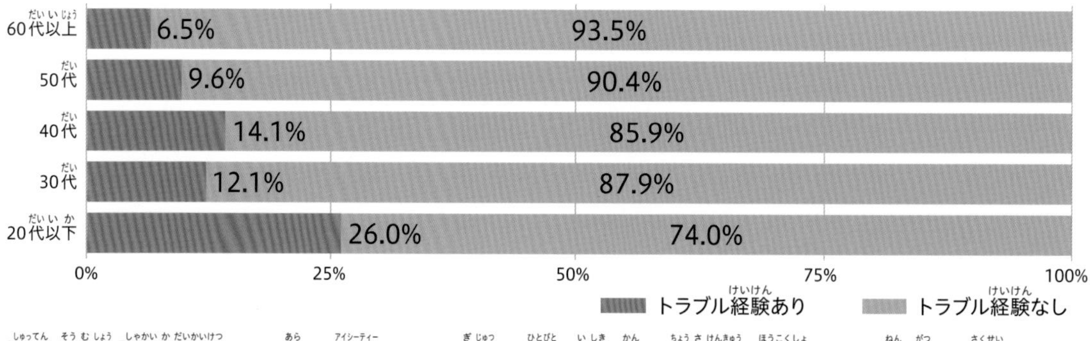

【出典】総務省「社会課題解決のための新たなＩＣＴサービス・技術への人々の意識に関する調査研究―報告書―」（2015年3月）より作成
※対象：各世代の男女400人

ネットトラブルはなぜ起きる？ 考えられる3つの原因

リアルとかかわり方が違う

ネットでは、直接会うことのない相手、どんな人かわからない相手と、おたがいの素性を明かすことなくコミュニケーションできます。この匿名性の高さがネットのよい点ともいえるのですが、「どうせばれないから」と考えて誹謗中傷を行う人や、挑発をくり返して交流を妨害する「荒らし行為」をする人もおり、トラブルの種になることがあります。

同じ考えの人が集まりやすい

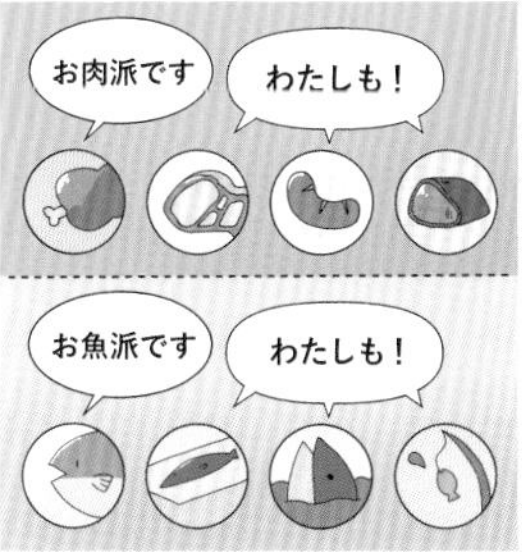

ネット検索には学習機能があり、ユーザーの好みに合う情報を優先して表示します。その結果、自分の価値観に合った情報にふれる機会が増え、異なる価値観にふれる機会が減ります。この状態を「フィルターバブル」といいます。さらに「エコーチェンバー」といって、自分の意見と似た意見が返ってくることで、自分は正しいと思い込みやすくなります。

誤った情報を流してしまう

誤った情報を信じこみ、ネットで投稿やコメントを続けると、もめごとの原因になることがあります。意外性がある、だれも知らなさそう、正義感に訴えるなどの特徴を持つ情報は、「ファクトチェック（本当かどうかの確認）」を飛ばして拡散されやすいものです。ネットにふれているときは、フェイクニュース（➔ P.60）に注意しましょう。

PART 02

ネットトラブルを防ぐには

ネットトラブルを防ぐには、どうすればいいのかな？
実際にトラブルが起きたときの、対応についても知りたいな…。

ネットトラブルは一生に影響するかも…？

自分の過去の言動がネット上に残り続けることを「デジタルタトゥー」といいます。ネットで行った不適切な発言や投稿が大規模なトラブルに発展すると、悪い例としてつかわれ続けたり、「ネットミーム（ネット上のネタ）」にされたりするかもしれません。ネットでデマを拡散したり、目立とうとして悪ふざけをしたりするのは絶対にやめましょう。

次のページから始まるトラブル事例には、デジタルタトゥーになり、自分や家族を苦しめ続けるものもあります。自分の身に起こったらどうなるか、じっくり考えて読んでください。

トラブルのギモン Q1 ネットで知り合った人に、リアルで会おうと言われたら？

実際に会って遊ぼうよ！
・・・

ネット上で知り合った人と2人きりでメッセージを交換できるぐらい仲よくなると、より身近に感じられ、なんでも話せそうな気になります。でもネット上でしか付き合いがない相手は「知り合い」なのでしょうか。それとも「知らない人」なのでしょうか。

もし相手から急に「リアルで会おうよ」と誘われたら、あなたはどうしますか？

待ち合わせ場所に、全然違う人が!?

Aさんに聞きました

ずっと応援しているアイドルグループがいるんだけど、学校には同じ趣味の人がいなくて……。だから「一緒にライブに行ってくれる人がいたらなぁ」と投稿したら、少し前にネットで知り合ったお姉さんから「一緒に行こうよ！」というコメントが届いたの。うれしくてすぐOKしたよ。

いっしょにライブにいきませんか？

その後

ライブ当日、待ち合わせ場所には知らない男の人がいた。こわくなって、すぐに家へ帰ったんだ……。

こんなとき、どうする？

トラブルのギモン A1 自分で判断せず、必ず大人に相談を。プロフィールが本当とは限りません！

ネットの交流だけでは、相手の本当の顔、姿、気持ちはわかりません。あなたの悩みを聞いたり、やさしい言葉をかけたりしてくれる相手が、実はあなたをメッセージで誘い出し、誘拐やいたずらをしようとたくらんでいるのかもしれないのです。

犯罪に巻き込まれないためにも、ネット上の知り合いには絶対1人で会わないこと。SNSは「アカウントの公開・非公開」「自分の投稿が見られる範囲」「メッセージ送受信の許可」などを、保護者と話し合って一緒に設定しましょう。

女の子だけじゃなく、男の子も狙われるって本当？
男女は関係ないの！おかしなことがあったらすぐに身近な大人に相談しましょう！

何が起きていた？

Aさんは同じアイドルのファンと交流したいと思っていました。いっぽう、待ち合わせ場所で待っていた男性は、誘拐目的で実際に会えそうな女の子をSNSで探していました。Aさんを油断させるために「親切な年上のお姉さん」のフリをしていたのです。

対策

- 知らない人が自分に直接メッセージを送れないよう、保護者とSNSの設定を変更する。
- 実際に会ったことがない人とは直接メッセージをやりとりしない。
- リアルの友だちと同様に、SNSの友だちのことも保護者に話しておく。

トラブルのギモン

Q2 ネット上の友だちから、「写真を交換しようよ」と言われたら？

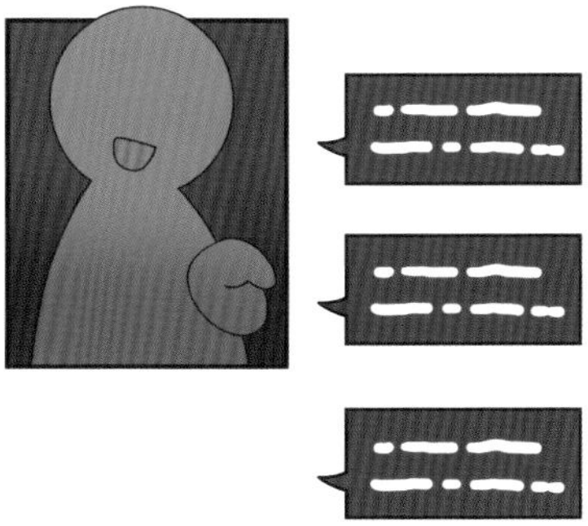

ネットでは、リアルで会ったことがない人と共通の趣味や話題で盛り上がることができます。もしかしたら、仲よくなった相手から「おたがい写真を送り合おう」と言われることがあるかもしれません。

もし相手が悪い人だったら、写真がネット上にアップされてしまうおそれがあります。でも、仲よくなった相手にきらわれるのもいやですね。あなたなら、写真を送りますか？

あったらこわーい友だちの話

きらわれるのがこわくて写真を送ったら…。

Bさんに聞きました

SNSで知り合った同学年の男の子と、よくチャットをするようになったの。ある日「Bちゃんも写真を送ってよ！」というメッセージと、男の子のカッコいい写真が送られてきたんだ。ちょっと迷ったけどきらわれたくないから、わたしも写真を送ったよ。

Bちゃんは
どんなかお
してるの？

その後

それからすぐに「自宅の住所を知っている」「裸の写真を送らないと家に行くぞ」というメッセージが届いたんだ。こわいけど、だれにも相談できないよ……。

こんなとき、どうする？

トラブルのギモン A2

画像や動画は絶対に送ってはダメ！ 悪用される可能性があります。

写真や動画など、自分の容姿がわかるデータが悪意を持った相手に渡ってしまうことほどこわいことはありません。

子どもに関する性的な画像や動画のことを「児童ポルノ」といいますが、実際に「裸の写真を送らないと家に行く」とおどされ写真を送信するといった、児童ポルノの被害事例は年々増えています。一度ネットで広まった画像や動画は、残念ながら完全にネット上から消し去ることができません。

SNSに起因する児童ポルノの被害児童数

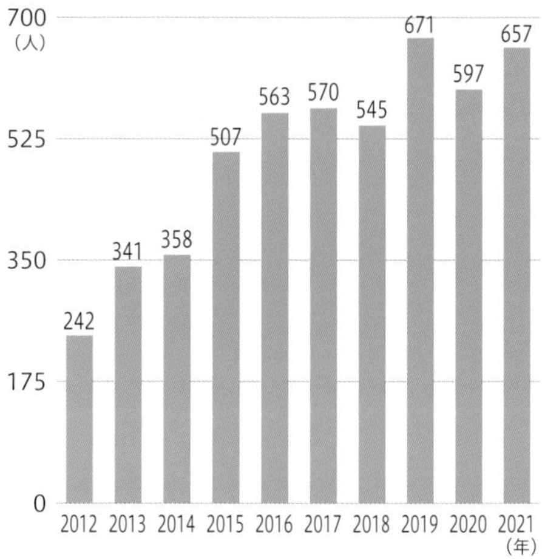

【出典】警察庁「令和3年における少年非行、児童虐待及び子供の性被害の状況」（2022年3月）より作成

何が起きていた？

Bさんと SNS で交流していたのは、同学年の男の子ではなく、女の子の写真を集めている男でした。しかもネットで拾った男の子の写真をアイコンにしてなりすまし、児童ポルノを送らせようとしただけでなく、Bさんをおどして実際に会おうともしていたのです。

対策

- 写真も動画も、容姿がわかるものは絶対に送らない。少しでも心が揺れたら、ネットに広まったときのことを考える。
- 「写真や動画を送って」と言われたときは、すぐに相手とのやりとりをやめて保護者に相談する。

トラブルのギモン

Q3 ネット上のやりとりで、急に相手の態度が変わったら？

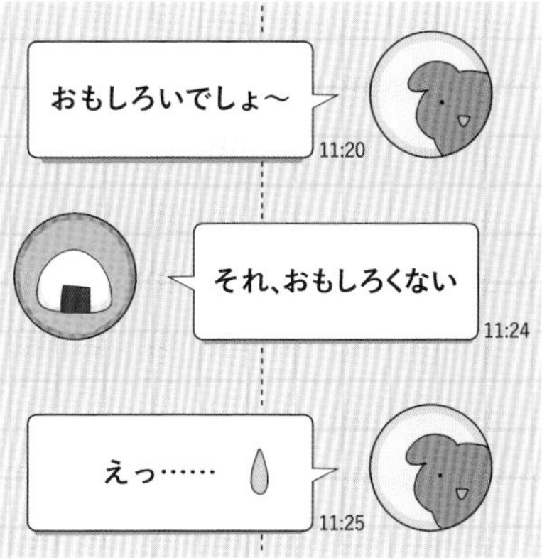

ネット上では相手が見えないので、言葉のつかい方によって誤解が生まれやすい状況にあります。たとえば「それ、おもしろいね」という意味で「それ、おもしろくない？」と書こうとしたのに、「？」をつけ忘れて「それ、おもしろくない」と投稿したら、相手はまったく逆の意味でとらえてしまいますよね。

このようなミスによるトラブルが生まれないようにするには、どうすればよいのでしょうか。

楽しい打ち合わせのはずが、仲間はずれに！

C君に聞きました

友だちとのグループチャットで、動物園に行く相談をしていたんだ。友だちも電車で行くなら駅で待ち合わせしようと思って「なんで行くの？」と聞いたよ。

その後

その友だちからは「そんなこと言うなら行かない」とメッセージが返ってきて、他の友だちも「イヤならお前が来るな」と言いだした。それで結局、ぼくが仲間はずれにされちゃった……。

こんなとき、どうする？

トラブルのギモン A3

誤解される表現がなかったか確認。「!」「?」やスタンプを上手につかおう。

ネットでやりとりする文章は言い方や表情がわからないうえに、短い場合が多いので、思ったとおりに伝わらないことがあります。投稿の前に自分の文章を見直して、あいまいな表現や、意味が複数ある表現はつかわないのがポイントです。

変だという意味と、すごいという意味でつかわれる「ヤバい」は誤解されやすいのでつかわない、感情が伝わりやすい「！」「？」や、絵文字、スタンプをつかうなどの工夫をしましょう。

誤解をその場でとくにはどうしたらいいのかな？
すぐに謝って、言い方を直せばわかってもらえるはずよ！

何が起きていた？

C君は動物園までの交通手段を聞いたつもりでしたが、C君に「なんで行くの？」と聞かれた友だちは「なんで（お前も）行くの？」という意味だと勘違いしました。他の人たちも同じような誤解をしたために「C君はひどい！」という話になり、結果としてC君は仲間はずれにされてしまったのです。

対策

- 複数の意味にとれる言い回し、誤解される表現がないか、投稿する前に確認する。とくに相手を否定する意味にとれる言葉に注意する。
- 文章の内容や気持ちが伝わりやすくなる、絵文字やスタンプをつかう。

トラブルのギモン
Q4 ネットのコミュニケーション中に、用事ができてしまったら？

ネットのコミュニケーションはテンポが速く、グループチャットでは複数の会話が同時に進行することもあり、慣れないうちは難しいものです。また、場所や時間に関係なく集まることができるので便利な反面、突然の用事で席をはずさなければいけなくなったり、そもそも集まりに気づかず参加できなかったりすることもあります。

どうすれば「ノリが悪い」「無視していた」などの誤解を招かずにすむのでしょうか？

ちょっと席をはずしただけなのに…。

D君に聞きました

友だち同士のグループチャットで「今度の土曜日に遊ぼう」って盛り上がっていたんだ。夢中でやりとりしていたんだけど、お母さんに「おふろに入りなさい」と怒られたから、あわててスマホから離れたんだ。

その後

あとでスマホを見たら「Dはどこへ行きたい？」「なんでDはスルーなんだよ」「もうDなんていいよ」という書き込みが。「ごめん、おふろに入ってた」と投稿したけど、とうとうグループからはずされちゃった……。

こんなとき、どうする？

トラブルのギモン A4

席をはずすときはひと声かけるなど、グループ内ルールを決めよう。

ネットの会話はただでさえスピードが速く、しかも加速しやすいため、相手の反応が遅いとイライラしてしまいがちです。しかし、それぞれに用事や事情があるのは当然のこと。おたがい誤解が生まれやすい環境でコミュニケーションしていることを意識し、「ちょっと席をはずすね」とひと声かけるなどの工夫をしましょう。

グループをつくるときに「やりとりする時間は○時から○時」「返信がなくても気にしない」などのルールを決めておくとよいですね。

それでも、いじめが始まってしまったらどうするの？
そんなときは、すぐに先生や保護者に教えてね！

何が起きていた？

D君はみんなに「席をはずす」と断らずにおふろに行きました。このときアプリが開いたままになっていたため「既読」がついてしまい、みんなは「なんでチャットを見ているのに、ずっと返信しないんだ」と怒ってしまったのです。

対策

- チャットから離れるときは、みんなにひと声かける。
- 誤解が生まれたら、なるべく早く電話やリアルでの会話など、チャット以外の方法で誤解をとく。
- グループ内で、誤解やけんかが起きにくくなるルールを決める。

トラブルのギモン

Q5 学校のタブレットで、ふざけて隠し撮りされたときは？

学校でタブレットをつかうようになって、問題になっていることのひとつが隠し撮りです。「写真をとった」「とっていない」の言い合いでけんかになることもありますし、写真を勝手に拡散する、写真を加工してからかうなど、いじめにつながる行動も問題になっており、悪ふざけではすまされません。

隠し撮りに気づいたら、どのように対応すればよいのでしょうか？

あったらこわーい友だちの話

写真ぐらい、いいかって思ったら!?

Eさんに聞きました

学校の休み時間に友だちとしゃべっていたら、クラスの男の子に、学校のタブレットでいきなり写真を撮影されたんだ。すぐに気づいたけど写真をとられただけだし「まあいいか」ってそのまま放っておいたんだけど……。

その後

次の日から、わたしを隠し撮りした男の子のグループがしつこくからかってくる。昨日まではそんなことなかったのに、もう学校に行きたくないよ……。

こんなとき、どうする？

トラブルのギモン A5

写真の無断投稿に気づいたら学校の先生に相談を！

カメラ機能をつかうときは、必ず相手にひと声かけるのがマナーです。どんな場合でも、無断での撮影、隠し撮りは絶対にやめましょう。

もし自分が隠し撮りに気づいたらそのままにせず、すぐにデータを消してもらい、場合によっては先生に報告してください。校内チャットで拡散され、いじめや犯罪の原因になることがあります。

さらに外部のSNSに投稿された場合、ネット上に写真が残り続け、他人に勝手につかわれるかもしれません。

カメラ機能をつい試したくなる気持ちはわかるけど…。
絶対にいけません！勝手に人のことをとっている人がいたらみんなで止めてね。

何が起きていた？

Eさんを隠し撮りした男の子はふざけて写真を加工し、グループチャットに共有しました。翌日からチャットに参加していたみんながEさんをからかうようになりましたが、Eさんには思い当たることがないので、思い悩んでしまったのです。

対策

- 盗撮は犯罪になることもある。「隠し撮りはしない、させない」を普段から意識し、カメラ機能をつかうときはマナーを守る。
- 隠し撮りに気づいたら、すぐにデータを消してもらい、相手がやめてくれないときは先生に相談する。

トラブルのギモン
Q6 いたずらや腹いせで、犯行予告を送ったら？

明日△△小学校を
爆破します
たか
20XX.02.23
!!
△△小学校

いやなことがあった、イライラした、いたずらをしようと思った——そんな個人的な理由で「駅に爆弾をしかけた」「小学校に包丁を持って向かう」などと、ネット上に犯行予告を書き込んだり、メールを送ったりする人がいます。

たまにニュースにもなりますが、もしこのような犯行予告をしたら、どのようなことが起こるのでしょうか？

あったらこわーい友だちの話

子どものいたずらだし、だいじょうぶ…だよね？

F君に聞きました

宿題を忘れて家に引き返したら遅刻してしまって、みんなの前で先生に怒られた。だから仕返しのつもりで、学校のメールアドレスに「小学校を爆破する」っていたずらメールを送ったんだ。

その後

次の日、学校から「安全のために今日は休校です」と連絡が入ったんだ。テレビでも「犯人をさがしている」って報道されていたんだけど、ついに家に警察がやってきちゃった……。

こんなとき、どうする？

トラブルのギモン

A6 未成年のいたずらでも、犯行予告は逮捕の対象！

ネットやメールでの犯罪予告は、多くの人を不安にさせ、仕事などのじゃまをする「業務妨害罪」という犯罪にあたる可能性があります。同じように、個人へのおどしは「脅迫罪」にあたる可能性があります。

たとえ未成年であっても、本気で犯罪を実行するつもりがなくても、犯行予告そのものが犯罪なので言いわけはききません。

学校に行くのを楽しみにしている人もいるのに、自分勝手だよね。
自分の人生をこわす行為だから、いたずらでも絶対してはいけません。

何が起きていた？

F君が学校に送った犯行予告を見た先生は、すぐに警察へ連絡しました。警察はネットの管理会社に個人情報を確認し、F君が犯人だと特定できたタイミングで自宅へやってきたのです。その結果、F君は保護観察処分（月に数回保護司の面会と指導を受け、更生をめざすこと）になりました。

対策

- 犯行予告や他人へのおどしは、悪ふざけのつもりでも絶対にしない。
- いやなことがあったら保護者や友だちなど、相談できる相手に話す。
- 普段から、ネット以外のストレス発散方法をいくつか用意しておく。

トラブルのギモン

Q7 保護者のお金をつかって、こっそりゲームに課金したら？

100コイン
購入しますか？

パソコンやスマホでは、ゲーム機と同じようにゲーム内で他の人と協力、対戦できるオンラインゲームが楽しめます。なかには無料で遊べるゲームもありますが、その多くはキャラクターやアイテムを手に入れるときにお金やポイントを支払う、課金が必要になります。

どうしても欲しい限定キャラやアイテムがあるとき、保護者に隠れてこっそり課金したら、いったいどうなってしまうのでしょうか？

あったらこわーい友だちの話

気がついたら、
課金の額がとんでもないことに…。

Gさんに聞きました

最近発表された人気のスマホゲーム。「無料で遊べるよ」って教えてもらったから、お母さんのスマホでゲームができるようにしてもらったんだ。

その後

他の人との対戦でつい夢中になって、強いアイテム欲しさにこっそり課金しちゃった。その後もどんどん課金が止まらなくなって、お母さんのスマホの請求額がとんでもないことに。とうとう課金が見つかって、オンラインゲームは禁止されちゃった……。

こんなとき、どうする？

トラブルのギモン A7

欲しいキャラやアイテムが当たらず、夢中になって高額課金になることも。

オンラインゲームのアイテムやキャラクターは、くじびきのように何がもらえるかわからないしくみになっていることが多く、欲しいアイテムやキャラが当たるまで課金する人もいます。実際、過去には10歳未満の子どもが100万円以上の課金をしてしまったこともあります。

ゲームをダウンロードするときは、まず保護者にどんなゲームか見てもらい、課金したい場合は必ず相談しましょう。

課金は自分でお金を管理できるようになってからにしよう…。
そうね！大人になっても高額課金には注意しましょう。

何が起きていた？

Gさんはお母さんのスマホのパスワードを知っており、「少しだけなら」と黙って課金しました。しかし目当てのアイテムやキャラがなかなか出ないので、課金をくり返してしまったのです。

対策

- 登録時に年齢を正しく登録し、子ども向けの課金の範囲で楽しむ。
- 無断で課金をしない。課金をする場合、保護者に前もって相談する。
- 欲しいアイテムやキャラが出なくても、課金は決められた額の範囲でがまんする。課金した額はおこづかい帳につける。

コラム　フィルタリングって必要なの？

フィルタリングは自分を守るための利用制限

「フィルタリング」は、違法サイトや有害サイトへのアクセスを防ぐ、課金をできなくするなどの制限機能です。iPhoneやAndroidのほか、各携帯電話会社も独自のフィルタリングサービスを提供しています。

このサービスはネットリテラシーが低い子どもが危険なサイトにアクセスするのを防ぐもので、位置情報や個人情報が盗まれたり、ユーザーが犯罪に巻き込まれたりするリスクを下げることが期待できます。学校のタブレットは事前にフィルタリングされていますが、家族や個人でつかうスマホ、タブレットは各自で設定する必要があります。保護者と話し合って設定しましょう。

フィルタリングを解除すると、トラブルが急増！

総務省が2021年に行った調査によると、小中学生の半分以上がフィルタリングを利用していないか、または解除しています。いっぽう、フィルタリングを解除した人のデータを見ると、とくに小学生はその後なんらかのトラブルにあっているのがわかります。

フィルタリングの制限をじゃまだと考えず、必ず設定してネットを楽しみましょう。

フィルタリングサービス利用率 ※対象：6,500人

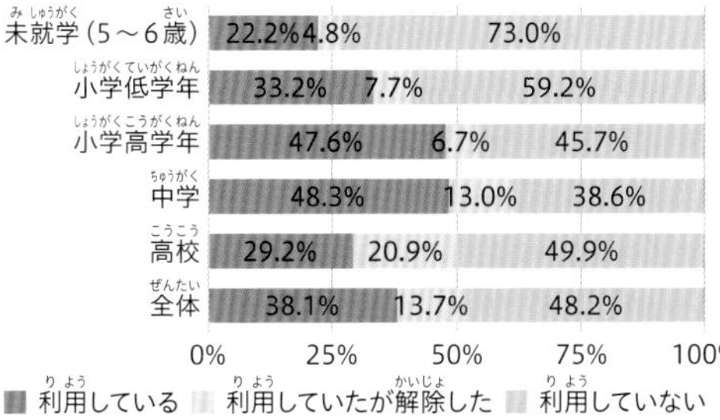

フィルタリングサービス解除後にトラブルにあった人の割合 ※対象：746人

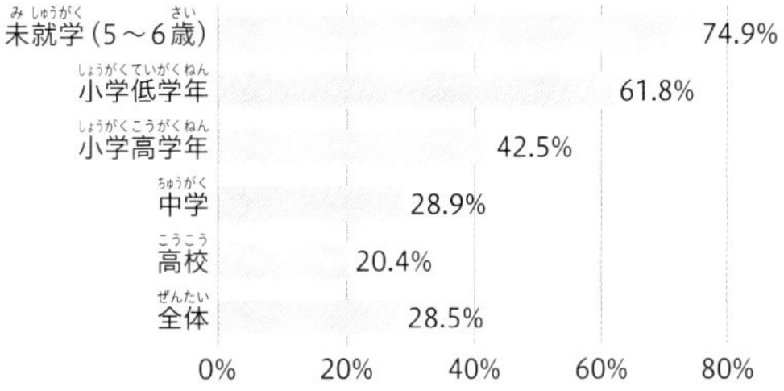

【出典】総務省「我が国における青少年のインターネット利用に係るフィルタリングに関する調査」（2021年4月）より作成

PART 03

他にもこんなトラブルに注意！

ネットトラブルにも詳しくなったし、もう安心かな？
まだまだ！ネットを安全につかうためにもっと学ぼうよ。

学校の中でも外でも、トラブル対策をしっかりと！

ネットトラブルは学校の中、外を問わず、さまざまな場所で起こります。だれでもいいから情報を盗み取りたい、デマで混乱させたいという思いでトラブルを起こす人がいるからです。このような人にねらわれると、相手を選んで行われるいじめやからかいよりも相手の特定が難しいので、自分の身を自分で守ることがとても大切になります。

これから見ていく事例は、ネット社会を生きるうえで、決してひとごとではありません。ネットを安全につかうための対策をしっかりと考えましょう。

SNSがきっかけで起きた事件の被害児童数の割合（2021年度）

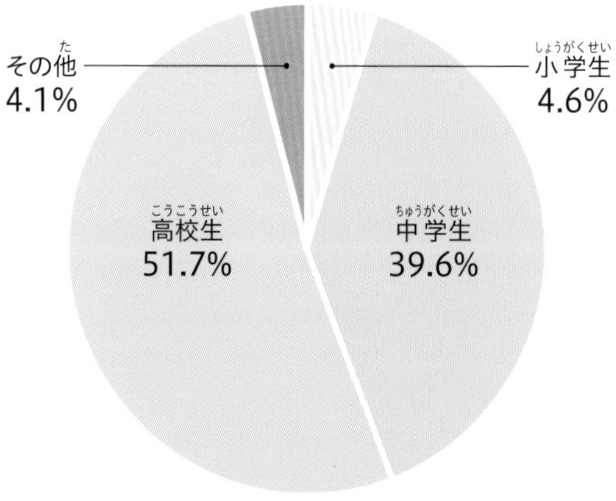

【出典】警察庁「令和3年における少年非行、児童虐待及び子供の性被害の状況」（2022年3月）より作成
※対象：1,812人

事例 1　校内チャットを見たら、自分の名前で勝手に投稿されていた！

学校で渡されるタブレットの情報を盗み、なりすましでチャットに書き込みをするいたずらが実際に起きています。

チャット上でのいたずらやいじめは、その後も犯人さがしや誹謗中傷などが起きて授業の妨げになったり、クラスの人間関係がこわれたりするケースが見られ、問題になっています。

学校内でタブレット利用に制限がかかるかも!?

このような問題が起こると、学校も同じことが起こらないように、タブレットの利用についてのルールを増やすなどの対処に追われます。

実際にタブレットの持ち帰りを禁止にする、授業の前にＩＤを書いた紙を個別に配って、終わったら紙を回収するなどの対応をした学校もあります。学校の生徒全員に迷惑をかけることにもなるので、絶対にやめましょう。

事例 2

タブレットで提出したワークシートに、だれかが落書きをしたみたい…。

東京都内で、別の生徒になりすまし、授業用のワークシートに落書きをするいじめが実際に起こっています。他人の提出物の内容を勝手に書き換える、内容を消してしまうなどの行為も、同様に問題となるいたずらです。事例1（➔ P.55）のような校内チャットでのなりすましも、提出物へのいたずらも、IDとパスワードの管理に関わる問題です。

IDとパスワードの管理について、クラスみんなで確認しよう！

タブレットを配られたときに、同時に渡されるIDとパスワード。IDは家の住所、パスワードは家のカギにあたるものなので、簡単に他人に教えたり、渡したりしてはいけません（➔1巻）。

学校のルールによりますが、自分でパスワードを設定できる場合は、誕生日や出席番号など、他の人にばれやすいパスワードはつかわないこと。IDとパスワードの取り扱いについては、クラスで話し合ってルールを確認しましょう。

事例3 アカウント情報を入れたら、変なサイトにつながったんだけど？

　にせもののサイトやメールで情報を入力させて、その情報を盗む「フィッシング詐欺」というものがあります。小中学校で問題になりやすいのは、オンライン学習でつかうビデオ会議サービス、アニメや映画の動画配信サービスなどのログイン画面に似せたサイトです。ここで大切な情報を入力し、個人情報が盗まれるケースが見られます。

　また、ウェブサイトやメールに書かれているＵＲＬを一度クリックしただけで、一方的に契約が成立したとし、多額の料金支払いを求めてくる「ワンクリック詐欺」という手口もあります。支払い義務はないので、大人に相談しましょう。

フィッシング詐欺の手口

　フィッシング詐欺には、メールやSNSをつかった手口、大手企業に似せたＵＲＬで誘い出す手口などもあります。自分の情報を入力するよう求められたら、保護者に相談するか、フィッシング詐欺でないか調べるようにしましょう。

●メール

　クレジットカード会社や銀行からのお知らせのふりをして、メールに書かれているリンクをクリックさせる手口です。リンク先で情報を入力すると、情報が盗まれてしまいます。

●SNS

「ここでしか見られない」「全員にプレゼント」などの投稿でメッセージを送らせ、情報を入手する手口です。有名な会社のアイコンと名前をつかった、にせアカウントの場合もあります。

●まぎらわしいＵＲＬ

　企業のＵＲＬによく似たＵＲＬにアクセスさせ、情報を盗む手口です。ＵＲＬに「0（ゼロ）」「O(大文字のオー)」、「I（大文字のアイ）」「l(小文字のエル)」などが入るＵＲＬのリンクには気をつけましょう。

事例
4 動画配信者と仲よくなりたい！「投げ銭」してもいいかな？

「投げ銭」とは、コンテンツの制作者や配信者にお金を寄付するサービスのこと。ライブ配信では、ファンが配信者に声をかけてもらうためや、他のコメントより目立たせるために投げ銭をすることもあります。

その場で現金を払うわけではないのでお金をつかっている感覚がなくなり、あとで多額の請求がくることもあります。

保護者といっしょに制限のルールを決めよう

過去には子どもが保護者のアカウントで投げ銭をし、音楽コンテンツの購入などをふくめ数カ月で100万円以上になったケースもありました。動画視聴サイトでは、投げ銭や会員機能を制限する、ペアレンタルコントロールを利用して課金を制限するなどの対策をしましょう。

ネットの危険やトラブルを避けるためには、保護者との相談が欠かせません。動画を見ていい時間などもふくめて、しっかりと話し合いましょう。

事例5 位置情報は待ち合わせに便利だから、いつも友だちと共有していい？

自分の現在位置を知るだけでなく、保護者による子どもの見守りや、待ち合わせなどにもつかわれる位置情報サービス。しかし自分の現在地が他人に知られて犯罪に巻き込まれたり、複数の友だちと位置情報を共有することで「わたしがいないところで、みんなでこっそり会っている」などと不安の原因になる場合もあります。位置情報も、プライバシーにかかわる大切な情報です。共有する前に、慎重に考えましょう。

スマートタグをつかった犯罪にも注意！

「スマートタグ」とは、位置情報を発信する小さな装置のこと。バッグや財布に入れて位置情報を端末に送り、忘れ物や盗難を防ぐものです。

ところがこれを悪用し、他人の持ち物に隠し入れて、ストーキングにつかう事例が起きています。スマートタグによるストーキングを防ぐためには、定期的にかばんやランドセルを整理し、見覚えのないものが入っていたら保護者に相談を。場合によっては警察に届け出ましょう。

事例 6

近所で犯罪者が逃走中!? 早くみんなに知らせなきゃ!

SNSのよい点は、最新のニュースや、地域のこまかな情報を共有できることです。しかし、なかにはデマや誤情報もあるので「○○町○丁目に強盗犯が逃走中」などの情報を見たら、まずは信頼できる情報なのか確認を。本当かどうかわからない情報は拡散しないようにしましょう。

「フェイクニュース」ってどんなもの?

「フェイクニュース」という言葉は、さまざまな意味でつかわれています。現在では、一般的にうそ、デマ、誤情報のほか、陰謀論、プロパガンダ、扇情的なゴシップ、ディープフェイクなどをまとめてフェイクニュースとよんでいます。

これがフェイクニュースだ!

●陰謀論

世間のできごとの背景について「○○が影で操っている」「実は○○国のしわざだ」などと、特定の個人や団体のせいにする理論のこと。

●プロパガンダ

特定の宗教、意識、考え方に、人々を誘うための宣伝のこと。とくに政治的な意図があるものをプロパガンダとよぶことが多い。

●扇情的なゴシップ

人の興味を強く引くために大げさに書かれた、興味本位のうわさ話やネタ話。有名人にかかわる内容を指すことが多い。

●ディープフェイク

AI技術をつかって画像や映像を加工すること。人の表情やしぐさを変える、あるものを消す、ないものを加えるなどが代表的な例。

インターネットのこと、もっと知りたい！

情報通信白書 for Kids（総務省）

総務省がネットなどの情報通信を取り巻くいまの状況と、これからの政策の方針についてまとめている「情報通信白書」を、小学生向けに発信しているサイトです。ネットについての理解度診断テストで、自分のネットリテラシーを確認できます。

https://www.soumu.go.jp/hakusho-kids/

国民のための情報セキュリティサイト キッズ（総務省）

小学生がネットをつかうときに気をつけたいことの基本を「メール」「ウェブサイト」「スマホやゲーム機」「SNS」など、ジャンル別で学べます。ルールやマナーを守る、うっかりに注意するなど、気をつけるポイントにかかわる内容も充実しています。

https://www.soumu.go.jp/main_sosiki/joho_tsusin/security/kids/

インターネットトラブル事例集 青少年（U18）（総務省）

ネットで起こったトラブルについて、さまざまな事例を見ることができます。「フェイクニュース」「フィルタリング」「ネット上の誹謗中傷」などをテーマにした特集ページや、内閣府、総務省、企業がアップしている関連の動画のリンクもあります。

https://www.soumu.go.jp/use_the_internet_wisely/under18/

ネット学習や
調べもののときに
思い出してね！

さくいん

な

は

ま

や

ら

わ

監修　**遠藤 美季**（えんどう みき）

任意団体エンジェルズアイズ代表、情報教育アドバイザー、新宿区社会教育委員、公立中学校こころのふれあい相談員。保護者や子どもたちに向け、ネット依存予防やネットトラブルを避ける方法について、全国での講演やホームページでアドバイスしている。『本当に怖いスマホの話』（監修・金の星社）、『12歳までに身につけたい ネット・スマホルールの超きほん』（監修・朝日新聞出版）など、著書・監修多数。
https://angels-eyes.com/

法律監修　レイ法律事務所
デザイン　大澤 肇、伊藤礼二
漫画　杉谷エコ
イラスト　杉谷エコ、海星なび、林檎ゆゆ、ロク
写真　ピクスタ
執筆　櫻井啓示
校正　白沢麻衣子
編集協力　株式会社サイドランチ

GIGAスクール時代のネットリテラシー❷
SNS（エス エヌ エス）とネットトラブル

発　行　2023年4月　第1刷

監　修　遠藤美季
発行者　千葉 均
編　集　大久保美希
発行所　株式会社ポプラ社
〒102-8519　東京都千代田区麹町4-2-6
ホームページ
www.poplar.co.jp（ポプラ社）
kodomottolab.poplar.co.jp（こどもっとラボ）
印刷・製本　図書印刷株式会社

●落丁・乱丁本はお取り替えいたします。
電話（0120-666-553）または、ホームページ（www.poplar.co.jp）のお問い合わせ一覧よりご連絡ください。
※電話の受付時間は、月～金曜日10～17時です（祝日・休日は除く）
●本書のコピー、スキャン、デジタル化等の無断複製は著作権法上での例外を除き禁じられています。
本書を代行業者等の第三者に依頼してスキャンやデジタル化することは、たとえ個人や家庭内での利用であっても著作権法上認められておりません。

ISBN978-4-591-17652-8
N.D.C.007　63p　24cm
©POPLAR Publishing Co., Ltd. 2023　Printed in Japan
P7244002

あそびをもっと、まなびをもっと。
こどもっとラボ

GIGAスクール時代の

ネットリテラシー

全3巻

監修：遠藤美季

① ネットの基本と活用術

N.D.C.007

② SNSとネットトラブル

N.D.C.007

③ 著作権とプライバシー

N.D.C.021

図書館用特別堅牢製本図書

小学校中学年～中学生向き

各63ページ　A4変型判　オールカラー

セットN.D.C.007

ポプラ社はチャイルドラインを応援しています

18さいまでの子どもがかけるでんわ

チャイルドライン®

0120-99-7777

毎日午後4時～午後9時

チャット相談はこちらから

通話料はかかりません　携帯（スマホ）OK

ネットトラブルのギモン

絶対に巻き込まれたくない
「ネットトラブル」を避ける方法とは？
みんなで考えてみよう！

ネットで知り合った人に、
リアルで会おうと
言われたら？

→詳しくは P.39

ネット上の友だちから、
「写真を交換しようよ」と言われたら？

→詳しくは P.41

ネット上のやりとりで、
急に相手の態度が変わったら？

→詳しくは P.43